CATALOGUE

DES

TABLEAUX

DE

M. EDOUARD MANET

EXPOSÉS

AVENUE DE L'ALMA

En 1867

PARIS

IMPRIMERIE L. POUPART-DAVYL

30, RUE DU BAC, 30

1867.

CATALOGUE

ES

TABLEAUX

DE

M. ÉDOUARD MANET

EXPOSÉS

AVENUE DE L'ALMA

en 1867

PARIS

IMPRIMERIE L. POUPART-DAVYL

30, RUE DU BAC, 30

—

1867

MOTIFS

D'UNE

EXPOSITION PARTICULIÈRE

Depuis 1861, M. Manet expose ou tente d'exposer.

Cette année il s'est décidé à montrer directement au public l'ensemble de ses travaux.

A ses débuts au Salon, M. Manet obtenait une mention. Mais ensuite il s'est vu trop souvent écarté par le jury, pour ne pas penser que si les tentatives d'art sont un combat, au moins faut-il lutter à armes égales, c'est-à-dire pouvoir montrer aussi ce qu'on a fait.

Sans cela, le peintre serait trop facilement enfermé dans un cercle dont on ne sort plus. On le forcerait à empiler ses toiles ou à les rouler dans un grenier.

L'admission, l'encouragement, les récompenses officielles sont en effet, dit-on, un brevet de talent aux yeux d'une partie du public prévenue dès lors pour ou contre les œuvres reçues ou refusées. Mais, d'un autre côté, on affirme au peintre que c'est l'impression spontanée de ce même public qui motive le peu d'accueil que font les divers jurys à ses toiles.

Dans cette situation, on a conseillé à l'artiste d'attendre.

Attendre quoi? Qu'il n'y ait plus de jury?

Il a mieux aimé trancher la question avec le public.

L'artiste ne dit pas aujourd'hui : Venez voir des œuvres sans défauts ; mais : Venez voir des œuvres sincères.

C'est l'effet de la sincérité de donner aux œuvres un caractère qui les fait ressembler à une protestation, alors que le peintre n'a songé qu'à rendre son impression.

M. Manet n'a jamais voulu protester. C'est contre lui, qui ne s'y attendait pas, qu'on a protesté au contraire, parce qu'il y a un enseignement traditionnel de formes, de moyens, d'aspects de peinture, et que ceux qui ont été élevés dans de tels principes n'en admettent plus d'autres. Ils y puisent une naïve intolérance. En dehors de leurs formules, rien ne peut valoir, et ils se font non-seulement critiques, mais adversaires et adversaires actifs.

Montrer est la question vitale, le sine qua non *pour l'artiste*, car il arrive après quelques contemplations qu'on se familiarise avec ce qui surprenait, et, si l'on veut, choquait. Peu à peu on le comprend et on l'admet.

Le temps lui-même agit sur les tableaux avec un insensible polissoir et en fond les rudesses primitives.

Montrer, c'est trouver des amis et des alliés pour la lutte.

M. Manet a toujours reconnu le talent là où il se trouve et n'a prétendu ni renverser une ancienne peinture ni en créer une nouvelle. Il a cherché simplement à être lui-même et non un autre.

D'ailleurs, M. Manet a rencontré d'importantes sympathies et il a pu s'apercevoir combien les jugements des hommes d'un vrai talent lui deviennent de jour en jour plus favorables.

Il ne s'agit donc plus, pour le peintre, que de se concilier ce public dont on lui a fait un soi-disant ennemi.

Mai 1867.

CATALOGUE

1 Le Déjeuner sur l'herbe.

L. 2 m. 70 c.
H. 2 m. 14 c.

2 Olympia.

L. 1 m. 88 c.
H. 1 m. 32 c.

3 Le Chanteur espagnol.

L. 1 m. 14 c.
H. 1 m. 46 c.

4 L'Enfant à l'épée.

L. 0 m. 92 c.
H. 1 m. 30 c.

5 L'Homme mort.

L. 1 m. 53 c.
H. 0 m. 75 c.

6 Jésus insulté par les soldats.

L. 1 m. 50 c.
H. 1 m. 95 c.

7 Le Christ mort et les Anges.

L. 1 m. 55 c.
H. 1 m. 75 c.

8 Portrait de M. et Mme M...

9 Les Gitanos.

L. 1 m 30 c.
H. 1 m. 90 c.

10 Le Vieux musicien.

L. 2 m. 51 c.
H. 1 m. 90 c.

11 Le Fifre.

L. 1 m. 02 c.
H. 1 m. 58 c.

12 Mlle V... en costume d'espada.

L. 1 m. 29 c.
H. 1 m. 66 c.

13 Jeune homme en costume de majo.

> L. 1 m. 30 c.
> H. 1 m. 90 c.

14 Portrait de Mme M...

15 Jeune dame en 1866.

> L. 1 m. 32 c.
> H. 1 m. 85 c.

16 Un matador de taureaux.

> L. 1 m. 71 c.
> H. 1 m. 13 c.

17 Lola de Valence.

> L. 0 m. 95 c.
> H. 1 m. 05 c.

18 L'Acteur tragique.

> L. 1 m. 10 c.
> H. 1 m. 85 c.

19 La Chanteuse des rues.

> L. 1 m. 18 c.
> H. 1 m. 74 c.

20 Portrait de Mme B...

21 Un Moine en prières.

> L. 1 m. 14 c.
> H. 1 m. 46 c.

22 Le Combat des navires américains *Kerseage* et *Alabama*.

> L. 1 m. 30 c.
> H. 1 m. 45 c.

23 Le Gamin.

> L. 0 m. 65 c.
> H. 0 m. 81 c.

24 La Musique aux Tuileries.

> L. 1 m. 19 c.
> H. 0 m. 76 c.

25 Les Courses au bois de Boulogne.

> L. 1 m. 30 c.
> H. 0 m. 64 c.

26 La Joueuse de guitare.

> L. 0 m. 91 c.
> H. 1 m. 91 c.

27 Le Liseur.

L. o m. 82 c.
H. 1 m. 02 c.

28 Le ballet espagnol.

L. o m. 91 c.
H. o m. 62 c.

29 Le Buveur d'absinthe.

L. o m. 99 c.
H. 1 m. 30 c.

30 Nymphe surprise.

L. 1 m. 14 c.
H. 1 m. 46 c.

31 Philosophe.

L. 1 m. 10 c.
H. 1 m. 85 c.

32 Philosophe.

L. 1 m. 10 c.
H. 1 m. 85 c.

33 Un vase de fleurs.

L. o m. 69 c.
H. o m. 91 c.

34 Le Steam-Boat (marine).

L. 1 m.
H. 0 m. 21 c.

35 Jeune femme couchée en costuⁿ
espagnol.

L. 0 m. 95 c.
H. 1 m. 05 c.

36 Un déjeuner (nature morte).

L. 0 m. 94 c.
H. 0 m. 73 c.

37 Fruits.

38 Poissons (nature morte).

L. 0 m. 92 c.
H. 0 m. 72 c.

39 Une dame à sa fenêtre (étude).

L. 0 m. 72 c.
H. 0 m. 92 c.

40 Vue de mer, temps calme.

L. 0 m. 92 c.
H. 0 m. 72 c.

41 Un panier de fruits.

> L. o m. 45 c.
> H. o m. 38 c.

42 Un chien épagneul.

43 Portrait de Z. A.

44 Les Étudiants de Salamanque.

45 Bateau de pêche arrivant vent arrière.

46 Tête d'étude.

47 Fruits.

> L. o m. 45 c.
> H. o m. 71 c.

48 Un Lapin (nature morte).

> L. o m. 48 c.
> H. o m. 62 c.

49 Le Fumeur.

> L. o m. 80 c.
> H. 1 m.

50 Paysage.

> L. 1 m. 17 c.
> H. o m. 90 c.

COPIÈS

La Vierge au lapin, d'après Titien.

Portrait de Tintoret, d'après Tintoret.

Les Petits Cavaliers, d'après Vélasquez.

EAUX-FORTES

Les Gitanos.

Portrait de Philippe IV, d'après Vélasquez.

Les Petits Cavaliers, id.

Paris. — Imprimerie Poupart-Davyl, rue du Bac, 30.

AVIS

L'exposition sera ouverte tous les jours
de 10 à 5 heures.

Le prix d'entrée est fixé à 1 fr. par
personne.

Imprimerie L. Poupart-Davyl, rue du Bac, 3